江苏省安全生产条例

法律出版社

·北　京·

图书在版编目(CIP)数据

江苏省安全生产条例. -- 北京：法律出版社，2023
ISBN 978-7-5197-8036-4

Ⅰ. ①江… Ⅱ. Ⅲ. ①安全生产-生产管理-条例-江苏 Ⅳ. ①D927.530.254

中国国家版本馆 CIP 数据核字(2023)第107050号

江苏省安全生产条例
JIANGSUSHENG ANQUAN SHENGCHAN TIAOLI

出版发行 法律出版社
编辑统筹 法规出版分社
责任编辑 张红蕊
装帧设计 臧晓飞
责任校对 郭艳萍
责任印制 耿润瑜

开本 850毫米×1168毫米 1/32
印张 1.5 **字数** 28千
版本 2023年6月第1版
印次 2023年6月第1次印刷
印刷 三河市龙大印装有限公司
经销 新华书店

地址：北京市丰台区莲花池西里7号(100073)
网址：www.lawpress.com.cn
投稿邮箱：info@lawpress.com.cn
举报盗版邮箱：jbwq@lawpress.com.cn
销售电话：010-83938349
客服电话：010-83938350
咨询电话：010-63939796

书号：ISBN 978-7-5197-8036-4 **定价**：7.00元
凡购买本社图书，如有印装错误，我社负责退换。电话：010-83938349

目　　录

江苏省第十四届人民代表大会常务委员会公告

第1号

《江苏省安全生产条例》已由江苏省第十四届人民代表大会常务委员会第二次会议于2023年3月30日修订通过，现予公布，自2023年7月1日起施行。

江苏省人民代表大会常务委员会

2023年3月30日

江苏省安全生产条例

（2016年7月29日江苏省第十二届人民代表大会常务委员会第二十四次会议通过　2023年3月30日江苏省第十四届人民代表大会常务委员会第二次会议修订）

目　　录

第一章　总　　则

第一条　为了加强安全生产工作，防止和减少生产安全事故，保障人民群众生命和财产安全，促进经济社会高质量发展，根据《中华人民共和国安全生产法》等法律、行政法规，结合本省实际，制定本条例。

第二条 在本省行政区域内从事生产经营活动的单位（以下统称生产经营单位）的安全生产及其相关监督管理，适用本条例。有关法律、法规对消防安全和道路交通安全、铁路交通安全、水上交通安全、民用航空安全以及核与辐射安全、特种设备安全等另有规定的，适用其规定。

第三条 安全生产工作坚持中国共产党的领导。

安全生产工作应当以人为本，坚持人民至上、生命至上，把保护人民生命安全摆在首位，树牢安全发展理念，坚持安全第一、预防为主、综合治理的方针，从源头上防范化解重大安全风险，提升本质安全水平。

安全生产工作实行管行业必须管安全、管业务必须管安全、管生产经营必须管安全，强化和落实生产经营单位主体责任与政府监管责任，加强属地管理责任，建立生产经营单位负责、职工参与、政府监管、行业自律和社会监督的机制。

第四条 生产经营单位是安全生产的责任主体。

生产经营单位的主要负责人是本单位安全生产第一责任人，对本单位的安全生产工作全面负责，其他负责人在各自职责范围内履行安全生产职责。生产经营单位的主要负责人包括法定代表人、实际控制人以及对本单位生产经营负有最高管理权、决策权的其他人员。

生产经营单位的从业人员有依法获得安全生产保障的权利和履行安全生产职责的义务。

第五条　县级以上地方人民政府应当加强对安全生产工作的领导，根据国民经济和社会发展规划制定并组织实施安全生产规划；加强安全生产基础设施建设和安全生产监管能力建设，建立健全安全生产治理体系，建立完善安全风险防控机制；实行安全生产工作责任考核评价和生产安全事故责任追究制度，加强对有关部门和下级人民政府安全生产工作落实情况的监督、检查。

乡镇人民政府、街道办事处和开发区、工业园区、港区、风景区等，按照职责对本区域内生产经营单位的安全生产状况进行监督检查，协助上级人民政府有关部门或者依照授权依法履行安全生产监督管理职责。

第六条　县级以上地方人民政府的安全生产委员会负责研究部署、统筹协调本地区安全生产工作，提出安全生产工作的政策措施，定期分析研判安全生产形势，及时协调、解决安全生产监督管理中的重大问题。安全生产委员会办公室设在同级应急管理部门，承担安全生产委员会日常工作。

安全生产委员会可以根据本地区重点行业、领域特点，设立安全生产专业委员会，负责指导协调重点行业、领域安全生产工作。

第七条　县级以上地方人民政府应急管理部门依法对本行政区域内安全生产工作实施综合监督管理。

省应急、教育、工业和信息化、公安、生态环境、住房城乡建设、交通运输、水利、农业农村、文化和旅游、市场监管、粮食物资储备、人防、铁路、通信、邮政等行业、领域的主管部门在各自职责范围内，依法对安全生产工作实施监督管理。

省发展改革、科技、民政、人力资源社会保障、自然资源、商务、卫生健康、国资等其他行业、领域的主管部门在各自职责范围内，从行业规划、产业政策、法规标准、行政许可等方面加强安全生产工作，履行相关行业、领域安全生产管理职责。财政、司法行政、广播电视等其他有关部门在各自职责范围内为安全生产工作提供支持保障，共同推进安全发展。

设区的市、县（市、区）人民政府应当根据本地实际，明确对有关行业、领域的安全生产工作实施监督管理的部门，以及其他履行安全生产管理、保障职责的部门。

新兴行业、领域中涉及的安全生产监督管理职责不明确的，由县级以上地方人民政府按照业务相近的原则确定监督管理部门。

应急管理部门和对有关行业、领域的安全生产工作实施监督管理的部门，统称负有安全生产监督管理职责的部门。

县级以上地方人民政府应当组织制定有关部门安全生产工作职责任务清单，将履行安全生产工作职责情况纳入年度综合考核内容。

第八条 地方各级人民政府和有关部门的主要负责人对本地区、本部门主管行业、领域的安全生产工作负全面领导责任；分管安全生产的负责人对安全生产工作负综合监管领导责任；其他负责人对各自分管工作范围内的安全生产工作负直接领导责任。

地方各级人民政府应当制定主要负责人、分管安全生产的负责人和其他负责人年度安全生产重点工作任务清单，将履行安全生产工作职责情况纳入年度述职内容，并定期组织安全生产教育和培训。

第九条　工会依法对安全生产工作进行监督，参与生产安全事故调查，提出保障安全生产的建议，维护职工在安全生产方面的合法权益。

生产经营单位的工会依法组织职工参加本单位安全生产工作的民主管理和民主监督，生产经营单位制定或者修改安全生产规章制度、作出有关安全生产的决定，应当听取工会的意见。未组建工会的生产经营单位，由职工和其他从业人员的代表参与本单位安全生产工作的民主管理和民主监督。

第十条　省标准化行政主管部门会同省有关部门按照保障安全生产的要求，依法及时制定有关地方标准。

鼓励社会团体和生产经营单位制定或者执行高于国家标准、行业标准、地方标准的保障安全生产的团体标准和企业标准。

第十一条　地方各级人民政府和有关部门、生产经营单位应当加强安全文化建设，开展安全生产法律、法规和安全生产知识的宣传，进行安全生产警示教育，组织群众性安全文化活动，增强全社会的安全生产意识。设区的市应当设立安全生产教育实践基地，创新安全生产教育形式。

省教育、人力资源社会保障等部门应当将安全生产知识普及纳入国民教育，建立完善学校安全教育和高危行业职业安全教育体系，将安全生产纳入相关技能考核和就业培训内容。

地方行政学院应当将安全生产教育和培训纳入教学计划。鼓励、支持高等学校和中等职业学校等加强安全生产科学技术研究，设置安全生产管理相关专业或者培训项目，培养安全生产相关专业人才。

广播、电视、报刊、网站等各类媒体应当开展安全生产公益性宣传，及时报道安全生产情况，加强对安全生产工作和安全生产违法行为的舆论监督。

第十二条 省应急管理部门会同有关部门与长江三角洲区域的相关部门建立安全生产工作协作机制，统筹协调区域内安全生产重大问题，构建信息互通、资源共享、联勤联动的安全生产管理体系，加强应急救援体系一体化建设，强化重大安全风险联合防控、应急救援预案衔接与协同救援处置，开展跨区域安全生产执法联动。

第十三条 对在改善安全生产条件、防止或者减少生产安全事故、参加抢险救护、研究和推广安全生产科学技术与先进管理经验等方面做出显著成绩的单位和个人，按照国家和省有关规定给予表彰、奖励。

第二章　生产经营单位的安全生产保障

第十四条　生产经营单位应当建立健全全员安全生产责任制，明确主要负责人、其他负责人、职能部门负责人、生产车间（区队）负责人、生产班组负责人、岗位从业人员等全体从业人员的责任内容和考核标准，对全员安全生产责任制落实情况开展监督、考核、奖惩，保证全员安全生产责任制的落实。全员安全生产责任制及考核情况向全体从业人员公示。

生产经营单位应当建立安全生产的投入保障、宣传教育和培训、安全风险分级管控、事故隐患排查治理、应急救援、危险作业管理、变更管理、发包（出租）管理等安全生产规章制度，存在安全风险程度高的重大危险源、重要设施设备、重点生产经营场所的，还应当制定专项管理制度。

小型、微型企业等规模较小的生产经营单位可以针对本单位生产经营特点制定包括前款规定内容的综合性安全生产规章制度。

第十五条　生产经营单位的主要负责人除履行《中华人民共和国安全生产法》规定的安全生产职责外，还应当履行下列职责：

（一）每季度至少组织并参与一次安全生产全面检查，研究分析和解决安全生产存在问题；

（二）每年至少组织并参与一次生产安全事故应急救援演练；

（三）每年至少组织一次全面的安全风险辨识，制定完善管控措施；

（四）发生生产安全事故时迅速组织抢救，并按照规定及时、如实向负有安全生产监督管理职责的部门报告事故情况，做好善后处理工作，配合调查处理；

（五）每年通过职工大会或者职工代表大会、信息公示栏等，向从业人员报告或者通报安全生产工作以及个人履行安全生产职责的情况，接受从业人员监督。

第十六条 矿山、金属冶炼、建筑施工、船舶修造、船舶拆解、运输单位和危险物品的生产、经营、储存、装卸单位，应当按照下列规定设置安全生产管理机构、配备专职安全生产管理人员：

（一）从业人员不足三十人的，配备一名以上专职安全生产管理人员；

（二）从业人员三十人以上不足一百人的，设置专门的安全生产管理机构，并配备两名以上专职安全生产管理人员；

（三）从业人员一百人以上不足三百人的，设置专门的安全生产管理机构，并配备三名以上专职安全生产管理人员；

（四）从业人员三百人以上的，设置专门的安全生产管理机构，并按照不低于从业人员百分之一的比例配备专职安全生产管理人员。

前款规定以外的其他生产经营单位，从业人员超过一百人的，应当设置安全生产管理机构或者配备专职安全生产管理人员；从业人员一百人以下的，应当配备专职或者兼职的安全生产管理人员。从业人员二十人以下且位置相邻、行业相近、业态相似的生产经营单位，可以采取组建安全生产管理互助帮扶联合体、委托相关机构提供安全生产管理服务等方式开展安全生产管理工作，但是保证安全生产的责任仍由本单位负责。

生产经营单位使用被派遣劳动者的，被派遣劳动者数量计入生产经营单位从业人员总数。

国家对建筑施工等劳动密集型行业在设立安全生产管理机构或者配备专职安全生产管理人员方面另有规定的，按照其规定执行。

第十七条 生产经营单位的安全生产管理机构以及安全生产管理人员除履行《中华人民共和国安全生产法》规定的安全生产职责外，还应当履行下列职责：

（一）每月至少组织并参与一次安全生产全面检查；组织或者参与安全风险辨识评估，并督促各部门、各岗位落实分级管控措施；

（二）督促各部门、各岗位履行安全生产职责，组织或者参与全员安全生产责任制考核，并提出奖惩意见；

（三）对在本单位区域内作业的承包、承租单位的安全生产资质、条件进行监督检查；

（四）监督劳动防护用品的采购、发放、使用和管理。

第十八条 危险物品的生产、储存、装卸单位以及矿山、金属冶炼单位，应当按照国家有关规定配备相关专业的注册安全工程师从事安全生产管理工作。

第十九条 从业人员一百人以上的矿山、金属冶炼、建筑施工、船舶修造、船舶拆解、道路运输和危险物品的生产、经营、储存、装卸单位，以及涉爆粉尘、涉氨制冷等行业、领域生产经营单位，应当设置安全总监或者其他专职安全生产分管负责人，协助主要负责人履行安全生产职责。鼓励其他行业、领域生产经营单位设置安全总监或者其他专职安全生产分管负责人。

安全总监或者其他专职安全生产分管负责人应当具有工程师以上相关专业的技术职称或者取得相关专业的注册安全工程师资格，熟悉安全生产法律、法规、标准和规范。

第二十条 生产经营单位的决策机构、主要负责人或者个人经营的投资人应当保证安全生产条件所必需的资金投入，并纳入年度生产经营计划和财务预算，重点用于安全风险管控、事故隐患治理、安全设施设备维护、安全生产教育和培训、劳动防护用品配备、应急救援演练和设备物资配备等方面的支出。

有关生产经营单位应当按照国家规定提取和使用安全生产费用，专项用于保障和改善安全生产条件。

安全生产费用等用于安全生产的资金投入，在生产经营单位成本中列支。

第二十一条 生产经营单位应当依法对下列人员在上岗前进行安全操作规程和安全操作技能的教育和培训，并做好记录和考核；未经安全生产教育和培训合格的，不得上岗作业：

（一）新进从业人员；

（二）离岗六个月以上或者换岗的从业人员；

（三）涉及采用新工艺、新技术、新材料或者使用新设备的从业人员。

生产经营单位可以自主组织培训，也可以委托具备安全生产培训条件的机构进行培训。生产经营单位委托培训的，应当对培训工作进行监督，保证培训质量。

从业人员应当按照要求接受安全生产教育和培训，掌握本职工作所需的安全生产知识，提高安全操作技能，增强事故预防和应急处理能力。

第二十二条 矿山、金属冶炼、建筑施工、船舶修造、船舶拆解、运输单位和危险物品的生产、经营、储存、装卸单位的主要负责人和安全生产管理人员，应当由主管的负有安全生产监督管理职责的部门对其安全生产知识和管理能力考核合格。

前款规定的生产经营单位的主要负责人和安全生产管理人员，新任职的应当自任职之日起六个月内通过安全生产知识和管理能力考核；已经考核合格的，应当按照有关规定进行安全生产知识再培训；发生生产安全事故造成人员死亡的，应当重新参加安全生产知识培训并考核合格。

生产经营单位的特种作业人员，应当按照国家有关规定接受专门的安全作业培训，经考核合格取得相应资格，方可上岗作业。

第二十三条 矿山、金属冶炼、建筑施工、船舶修造、船舶拆解和危险物品的生产、经营、储存、装卸单位，以及涉爆粉尘、涉氨制冷等行业、领域生产经营单位，应当建立并实施安全生产班前会制度，由班组长或者交班人员在班前会上向当班作业人员提示安全风险、讲解岗位安全操作要点等。

第二十四条 生产经营单位的从业人员每天工作前，应当进行本岗位安全生产检查，确认安全后方可进行操作。岗位安全生产检查主要包括下列事项：

（一）设施设备、工具和原材料的安全状态良好，安全防护装置有效；

（二）作业场地以及物品堆放符合安全规范；

（三）劳动防护用品、用具齐全完好，并正确佩戴、使用。

第二十五条 生产经营单位应当加强安全生产标准化建设，建立健全安全生产管理体系，全面管控生产经营活动各环节的安全风险，促进安全管理系统化、岗位操作行为规范化、设施设备本质安全化、作业环境器具定置化，提高安全生产管理水平。

负有安全生产监督管理职责的部门应当推动生产经营单

位开展安全生产标准化建设。有关部门和单位对开展安全生产标准化建设的生产经营单位按照有关规定给予评先选优、金融保险等激励支持。

第二十六条　生产经营单位应当落实安全风险分级管控制度，定期组织本单位安全生产管理、工程技术、岗位操作等相关人员，对生产工艺、设施设备、作业环境、人员行为和管理体系等方面存在的安全风险进行全面、系统辨识评估，确定安全风险等级，从组织、技术、管理、应急等方面逐项制定管控措施，编制安全风险管控清单，按照安全风险等级实施分级管控。

生产经营单位对存在的重大安全风险，应当制定专项管控方案，通过隔离安全风险源、采取技术手段、实施个体防护、设置监控预警设备等针对性措施加强管控。

第二十七条　生产经营单位应当建立完善重大危险源监测监控系统，与负有安全生产监督管理职责的部门监控设备联网，并经常维护，保证系统正常运行。

第二十八条　生产经营单位应当落实事故隐患排查治理制度，定期组织安全生产管理、工程技术和其他相关人员排查并及时消除本单位的事故隐患。在事故隐患治理过程中，应当采取相应的安全防范措施，防止事故发生。

对排查出的重大事故隐患，生产经营单位应当制定和落实治理方案及时排除，并根据需要停用相关设施设备或者停产停业。重大事故隐患排查治理情况应当向负有安全生产监督管理职责的部门和职工大会或者职工代表大会报告。

生产经营单位应当建立事故隐患报告奖励制度，公开本单位有关负责人和安全生产管理机构的联系方式，受理从业人员报告的安全生产问题，对报告事故隐患的从业人员给予表扬、奖励。

第二十九条 生产经营单位进行爆破、吊装、高处作业、有限（受限）空间作业、临近油气输送管道作业、临近高压输电线路作业、建筑物和构筑物拆除、大型检修以及涉及危险物品的场所动火和临时用电等危险作业，应当执行有关危险作业管理制度，并遵守下列规定：

（一）对作业安全风险进行评估，确认现场作业条件符合安全作业要求；

（二）根据安全风险明确安全防范措施和现场应急处置措施；

（三）确认作业人员的上岗资格以及劳动防护用品的配备、使用符合安全作业要求；

（四）配备相应的安全设施和应急救援器材，设置作业现场的安全区域，确定专人现场统一指挥和监督；

（五）在危险作业前向作业人员告知危险因素、作业安全要求和现场应急处置措施，并经双方现场签字确认；

（六）发现直接危及人身安全的紧急情况时，按照现场应急处置措施停止作业、撤出人员。

生产经营单位委托其他单位进行危险作业的，应当在作业前与受托方签订安全生产管理协议，明确并落实前款规定，对受托方安全生产工作统一协调、管理，并加强监督检查。生产经营单位不得将危险作业委托给不具备安全生产条件或者相应资质的单位或者个人。

第三十条 生产经营单位将生产经营项目、场所、设备发包或者出租的，应当履行下列安全生产职责：

（一）签订专门的安全生产管理协议，或者在承包、租赁合同中明确各自安全生产职责；

（二）向承包方、承租方书面告知发包项目、出租场所以及相关设备的基本情况、安全生产要求；

（三）协调解决承包方、承租方提出的安全生产问题；

（四）对承包方、承租方进行安全生产检查，并如实记录检查情况，发现安全生产问题的，及时督促整改；发现安全生产违法行为的，及时向负有安全生产监督管理职责的部门报告。

承包方、承租方应当服从发包方、出租方对其安全生产工作的统一协调、管理，并依法负责本单位安全生产工作；发生生产安全事故时，应当按照有关规定及时报告属地应急管理部门和有关部门，并通知发包方、出租方。

第三十一条 生产经营单位应当将接受其作业指令的被派遣劳动者、灵活用工人员纳入本单位对从业人员安全生产的统一管理，履行安全生产保障责任，不得将安全生产保障责任转移给劳务派遣单位或者被派遣劳动者、灵活用工人员。

鼓励生产经营单位为灵活用工人员提供购置相关保险等保障。

劳务派遣单位应当对被派遣劳动者进行必要的安全生产教育和培训。

第三十二条 生产经营单位应当为从业人员提供符合国家标准或者行业标准的劳动防护用品，并教育、督促从业人员正确佩戴、使用。生产经营单位不得以发放货币或者其他物品替代提供劳动防护用品。

生产经营单位应当依法加强对女职工、未成年工等的劳动保护。

第三十三条 生产经营单位应当关注从业人员的身体、心理状况和行为习惯，加强对从业人员的健康检查、心理疏导、精神慰藉，防范从业人员异常行为导致生产安全事故发生。

第三十四条 宾馆、饭店、商场、集贸市场、客运车站、客运码头、民用机场、体育场馆、公共娱乐场所、旅游景区等场所的生产经营单位，应当按照国家规定安全使用建筑物。

建筑物在使用过程中需要改变使用功能、显著增加荷载、增加层数、变动建筑物主体承重结构等，可能影响建筑物安全的，建筑物的所有权人或者生产经营单位应当在施工前委托具备国家规定资质的设计单位出具意见，或者按照有关规定进行房屋安全鉴定。

大型群众性活动的举办者需要设置临时性建筑物、构筑物及设施设备的，应当对其安全性进行检测、检验，保障建筑物、构筑物及设施设备的安全。

第三十五条　学校、科研院所、医疗卫生机构等使用危险物品的，应当建立健全危险物品安全管理制度，开展安全风险辨识评估，落实安全风险管控措施，严格危险物品使用管理。

第三十六条　生产经营单位应当加快应用有利于改善安全生产条件的新工艺、新技术、新材料、新设备，及时更新改造超过使用年限的设施设备，淘汰国家和省规定的危及生产安全的工艺、设备。

危险物品的生产、储存、运输单位，矿山、金属冶炼、建筑施工以及客运、重载货运等生产经营单位，应当运用现代科学技术实现生产过程智能化控制和安全风险监测预警，提高本质安全水平。

第三十七条　危险物品的生产、储存单位和矿山、金属冶炼、建筑施工，以及涉爆粉尘、涉氨制冷等行业、领域生产经营单位，应当加强安全生产的信息化管理，运用数字化技术开展安全风险管控、事故隐患排查治理、重大危险源监测监控等工作，按照规定通过相关信息系统向负有安全生产监督管理职责的部门准确、完整地报送下列安全生产数据：

（一）安全生产基础情况数据；

（二）安全风险管控和事故隐患排查治理数据；

（三）重大危险源监测监控数据；

（四）其他需要报送的数据。

第三十八条　高危行业、领域生产经营单位应当按照有关规定投保安全生产责任保险。鼓励其他生产经营单位投保安全生产责任保险。具体实施办法由省应急管理部门会同有关部门按照国家规定制定。

第三十九条 依法应当开展的安全评价、认证、检测、检验事项，由具备国家规定资质条件的安全生产技术服务机构承担。

安全生产技术服务机构按照相关标准和规范开展执业活动，建立并实施服务公开和报告公开制度，作出的安全评价、认证、检测、检验的结果应当客观、真实。

第四十条 有关协会组织依照法律、法规和章程加强行业自律，配合开展相关行业、领域安全风险辨识评估和监测，协助推动相关行业、领域的安全生产标准化建设，提供安全生产方面的信息、培训、技术咨询等服务，开展本质安全和安全生产技术难点研究和成果推广，促进生产经营单位加强安全生产工作。

第三章 安全生产的监督管理

第四十一条 县级以上地方人民政府应当组织负有安全生产监督管理职责的部门依法编制安全生产权力和责任清单，并实行动态管理。权力和责任清单应当向社会公开，接受社会监督。

地方各级人民政府应当把安全生产纳入政府重点工作，

每季度至少召开一次会议，听取安全生产工作情况汇报，研究部署安全生产工作的重大事项，及时解决安全生产工作中的重大问题。

第四十二条 安全生产委员会办公室履行下列安全生产工作职责：

（一）组织落实本级人民政府有关安全生产工作的决策部署，定期开展安全生产形势分析研判，提出安全生产重大政策和工作措施建议；

（二）指导协调、监督检查本级人民政府有关部门和下级人民政府的安全生产工作，组织开展安全生产联合检查和专项整治、专项督查等；

（三）组织实施对本级人民政府有关部门和下级人民政府履行安全生产工作职责情况进行巡查和考核；

（四）法律、法规、规章和本级人民政府、安全生产委员会赋予的其他职责。

第四十三条 负有安全生产监督管理职责的部门应当明确负责安全生产监督管理工作的机构和人员，加强专业监管力量建设，依法履行相关安全生产监督管理职责，查处安全生产违法行为。

第四十四条 乡镇人民政府、街道办事处应当成立综合性安全生产监督管理的机构，开发区、工业园区、港区、风景区等应当明确负责安全生产监督管理工作的机构及其职责。

乡镇人民政府、街道办事处和开发区、工业园区、港区、风景区等应当根据辖区内产业特点、生产经营单位数量等情况，配备相关专业人员从事安全生产监督管理工作。

乡镇人民政府、街道办事处和开发区、工业园区、港区、风景区等负责安全生产监督管理工作的机构，在监督检查中发现安全生产违法行为或者事故隐患的，应当按照职权予以处理或者按照有关规定报告、移送。

乡镇人民政府、街道办事处应当将安全生产管理相关工作纳入网格化服务管理范围。

第四十五条 省人民政府可以根据当地实际情况，依法决定将基层管理迫切需要而且易发现易处置、专业要求适宜的安全生产行政执法事项下放给能够有效承接的乡镇人民政府、街道办事处行使，并定期组织评估。经评估不适宜由乡镇人民政府、街道办事处行使的，由省人民政府决定收回。

第四十六条 村民委员会、居民委员会在乡镇人民政府、街道办事处的指导下，协助做好安全生产检查和事故善后处理工作；发现安全生产违法行为和事故隐患的，及时向当地人民政府或者有关部门报告。

第四十七条 应急管理部门应当根据本行政区域安全生产状况，结合监督管理人员数量和能力、技术装备和车辆、经费保障等实际情况，制定年度安全生产监督检查计划，报本级人民政府批准后实施。

其他负有安全生产监督管理职责的部门可以按照本行业、领域生产经营单位的数量、状况等实际情况，制定年度安全生产监督检查计划并组织实施。对于涉及多个行业、领域的生产经营单位，负有安全生产监督管理职责的部门应当互相配合，组织开展联合检查，避免重复检查。

负有安全生产监督管理职责的部门可以邀请专业技术人员和专家或者聘请专业技术检查员参与安全生产监督检查、生产安全事故调查等工作。

第四十八条 应急管理部门应当加强应急管理综合行政执法队伍建设，按照规定统一执法标识和制式服装，配备符合安全生产行政执法要求的执法人员和装备、车辆，定期对执法人员开展安全生产法律、法规和相关技术知识等方面的培训和考核，依法开展行政执法工作。

第四十九条 县级以上地方人民政府应当按照安全风险防控要求，统筹区域布局和空间布局，科学合理确定企业选址，对危险化学品的生产、储存实行统一规划、合理布局。

设区的市人民政府应当组织有关部门制定本行政区域内禁止、限制、管控危险化学品目录，向社会公布。

第五十条 开发区、工业园区、港区、风景区等应当推进区域内公共基础设施、上下游产业链、产业集群、物流输送、应急救援等一体化管理，加强区域内危险物品、金属冶炼、仓储物流、港口码头等高风险功能区以及重点区域的安全生产管理。

第五十一条 县级以上地方人民政府应当推进安全发展城市建设，强化城市运行安全保障，构建城市安全保障体系，加强对城市高层建筑、大型综合体、电力设施、游乐设施、电梯等，以及隧道桥梁、综合管廊、轨道交通、燃气、供水、排水等城市生命线工程的检测维护，提高基础设施安全配置标准。

第五十二条 县级以上地方人民政府应当设立安全生产专项资金，纳入同级财政预算，用于应急救援体系建设、危及公共安全的重大事故隐患整改、安全生产监督管理装备设施配备、安全生产宣传教育、科技创新引导、报告重大事故隐患和举报安全生产违法行为奖励等。

第五十三条 省应急管理部门建立应急管理综合应用平台，运用大数据、物联网、人工智能等现代信息技术，依法采集生产经营单位安全风险管控、事故隐患排查治理、重大危险源监测监控等安全生产数据。

县级以上地方人民政府及其有关部门应当统筹推进安全生产信息化建设，通过省大数据共享交换平台汇聚相关行业、领域安全生产的基础信息，实现部门之间信息共享、互联互通，提升安全生产监督管理的数字化水平。

第五十四条 县级以上地方人民政府及其有关部门应当将安全生产科技进步纳入科技发展规划，扶持技术含量高、安全效用强、应用场景广的安全生产科技项目，引导生产经营单位实行智能化改造、数字化转型，在危险工序和环节广泛应用工业机器人、智能装备等，提升安全生产科技水平。

第五十五条 负有安全生产监督管理职责的部门应当建

立安全生产违法行为信息库，如实记录生产经营单位及其有关从业人员的安全生产违法行为。

对存在下列严重违法行为的责任主体，依据法律、法规和国家有关文件规定记入信用记录，并依法实施失信惩戒：

（一）发生生产安全事故，生产经营单位及其有关人员对事故发生负有责任，情节严重的；

（二）拒不执行负有安全生产监督管理职责的部门作出的责令停产停业整顿决定，擅自生产、经营、建设的；

（三）承担安全评价、认证、检测、检验职责的机构及其有关人员租借资质、挂靠、出具虚假报告的；

（四）提供虚假材料或者作出不实承诺，取得安全生产相关行政许可的；

（五）法律、法规规定的其他情形。

第五十六条　负有安全生产监督管理职责的部门应当建立完善安全生产举报的接收、核查、处理、移送、回复等处置流程，及时处理举报并保护举报人的合法权益和个人信息。

对报告重大事故隐患或者举报安全生产违法行为的有功人员，按照有关规定给予奖励。

第五十七条　负有安全生产监督管理职责的部门在行政执法过程中，发现有关生产经营单位和有关人员的安全生产违法行为涉嫌犯罪的，或者发现涉嫌安全生产的其他犯罪案件线索的，应当向公安机关移送，公安机关应当依法处理。

公安机关在查处案件中发现安全生产违法行为，认为不构成犯罪的，应当移送负有安全生产监督管理职责的部门，负有安全生产监督管理职责的部门应当依法处理。

第五十八条 人民检察院在履行职责中发现负有安全生产监督管理职责的部门违法行使职权或者未依法履行职责，致使国家利益或者社会公共利益受到侵害的，应当提出检察建议，督促其依法履行职责；拒不履行职责的，人民检察院依法向人民法院提起行政公益诉讼。

第四章 生产安全事故应急救援和调查处理

第五十九条 县级以上地方人民政府应当根据本行政区域可能发生的生产安全事故的特点和危害，在重点行业、领域建立或者依托有条件的生产经营单位建立应急救援基地或者专业应急救援队伍，增强应急救援处置能力，加强应急救援资源共享。

矿山、金属冶炼、建筑施工、船舶修造、船舶拆解、城市轨道交通运营单位和危险物品的生产、经营、储存、运输单位以及宾馆、商场、娱乐场所、旅游景区等人员密集场所经营单位，应当依法建立应急救援队伍；小型、微型企业等规模较小的生产经营单位可以不建立应急救援队伍，但应当指定兼职的应急救援人员，并且可以与邻近的应急救援队伍签订应急救援协议。开发区、工业园区等产业聚集区域内的生产经营单位可以联合建立应急救援队伍。

鼓励生产经营单位和其他社会力量提供社会化应急救援服务。对受政府委托开展应急救援活动的，应当按照有关规定提供应急物资、道路通行、资金补助等方面的支持。

第六十条 县级以上地方人民政府应当制定本行政区域生产安全事故应急救援预案；负有安全生产监督管理职责的部门按照职责分工，根据本级人民政府的生产安全事故应急救援预案制定本行业、领域生产安全事故应急救援预案；乡镇人民政府、街道办事处和开发区、工业园区、港区、风景区等应当制定相应的生产安全事故应急救援预案。生产安全事故应急救援预案依法向社会公布。

生产经营单位应当制定本单位生产安全事故应急救援预案，在重点岗位编制应急处置卡，组织开展应急救援预案、应急知识、自救互救和避险逃生技能的培训。生产安全事故应急救援预案向本单位从业人员公布。

各级各类生产安全事故应急救援预案应当按照有关规定及时修订、相互衔接，并且定期组织演练。

第六十一条 县级以上地方人民政府及其有关部门应当根据本行政区域可能发生的生产安全事故的特点和危害，采取专项储备、协议储备等相结合的方式，分级储备必要的应急救援装备和物资，并及时更新和补充。

生产经营单位应当根据有关规定配备必要的应急救援器材、设备和物资，并进行经常性维护、保养，保证正常使用。

第六十二条　应急管理部门应当会同有关部门基于应急管理综合应用平台建立生产安全事故应急救援指挥系统，综合运用大数据、云计算等信息化手段，实现数据整合、动态更新与信息共享，保障应急指挥的统一高效和应急处置的快速响应。

第六十三条　发生生产安全事故，县级以上地方人民政府应当按照有关规定组织事故调查组开展事故调查。参加事故调查处理的部门和单位应当互相配合。

发生重大事故的，省人民政府可以直接组织事故调查组进行调查，也可以授权或者委托省应急管理部门或者其他负有安全生产监督管理职责的部门组织事故调查组进行调查。

发生较大事故、一般事故的，由设区的市、县（市、区）人民政府根据事故等级组织事故调查组进行调查，也可以授权或者委托同级应急管理部门或者其他负有安全生产监督管理职责的部门组织事故调查组进行调查。

事故调查组在事故调查中，发现事故责任单位以及有关责任人员涉嫌犯罪的，应当及时将有关线索依法移送处理。

第六十四条　负责事故调查处理的人民政府应当在批复事故调查报告后一年内，组织有关部门对事故整改和防范措施落实情况进行评估。评估结果应当及时向有关地区和部门反馈，报上一级人民政府备案，并按照有关规定向社会公开。

第六十五条　县级以上地方人民政府有关部门应当定期分析本行业、领域发生生产安全事故的情况，通报同级应急管理部门。

应急管理部门应当定期统计分析本行政区域内发生生产安全事故的情况，及时警示提示安全风险。

第五章　法 律 责 任

第六十六条　对违反本条例规定的行为，法律、法规已有处罚规定的，从其规定。

第六十七条　地方各级人民政府和负有安全生产监督管理职责的部门的工作人员，在安全生产监督管理工作中滥用职权、玩忽职守、徇私舞弊的，依法给予处分；构成犯罪的，依法追究刑事责任。

第六十八条　生产经营单位的主要负责人未履行本条例第十五条第一项至第五项规定的安全生产职责的，责令限期改正，处一万元以上五万元以下的罚款；逾期未改正的，处五万元以上十万元以下的罚款，并责令生产经营单位停产停业整顿。

第六十九条　生产经营单位违反本条例第十六条第一款、第二款、第十八条规定，未按照规定设置安全生产管理机构或者配备安全生产管理人员、注册安全工程师的，责令限期改正，处一万元以上十万元以下的罚款；逾期未改正的，责令停产停业整顿，并处十万元以上二十万元以下的罚款，对其直接负责的主管人员和其他直接责任人员处二万元以上五万元以下的罚款。

第七十条 生产经营单位的安全生产管理人员违反本条例第十七条规定，未履行安全生产职责的，责令限期改正，处一万元以上三万元以下的罚款；导致发生生产安全事故的，暂停或者吊销其与安全生产有关的资格，并处上一年年收入百分之二十以上百分之五十以下的罚款。

第七十一条 生产经营单位违反本条例第二十一条第一款规定，未对有关从业人员进行安全生产教育和培训的，责令限期改正，处一万元以上十万元以下的罚款；逾期未改正的，责令停产停业整顿，并处十万元以上二十万元以下的罚款，对其直接负责的主管人员和其他直接责任人员处二万元以上五万元以下的罚款。

第七十二条 矿山、金属冶炼、建筑施工、船舶修造、船舶拆解、运输单位和危险物品的生产、经营、储存、装卸单位违反本条例第二十二条第一款、第二款规定，主要负责人或者安全生产管理人员未按照规定经考核合格或者未按照规定参加安全生产知识再培训的，责令限期改正，处一万元以上十万元以下的罚款；逾期未改正的，责令停产停业整顿，并处十万元以上二十万元以下的罚款，对其直接负责的主管人员和其他直接责任人员处二万元以上五万元以下的罚款。

第七十三条 生产经营单位违反本条例第二十六条规定，有下列情形之一的，责令限期改正，处一万元以上十万元以下的罚款；逾期未改正的，责令停产停业整顿，并处十万元以上二十万元以下的罚款，对其直接负责的主管人员和其他直接责任人员处二万元以上五万元以下的罚款：

（一）未组织对安全风险进行辨识评估，确定安全风险等级的；

（二）对安全风险未逐项制定管控措施，编制安全风险管控清单的；

（三）未按照安全风险等级实施分级管控的；

（四）未对重大安全风险制定专项管控方案的。

第七十四条 生产经营单位违反本条例第三十条第一款规定，将生产经营项目、场所、设备发包或者出租，未履行相关安全生产职责的，责令限期改正，处五千元以上五万元以下的罚款，对其直接负责的主管人员和其他直接责任人员处一千元以上一万元以下的罚款；逾期未改正的，责令停产停业整顿。

第七十五条 本条例规定的行政处罚由负有安全生产监督管理职责的部门按照职责分工决定。有关法律、法规对行政处罚的决定机关另有规定的，依照其规定执行。

第六章 附 则

第七十六条 本条例所称的小型、微型企业，按照国家有关中小企业划型标准执行。

第七十七条 本条例自 2023 年 7 月 1 日起施行。

附：

关于《江苏省安全生产条例（修订草案）》的说明

——2022年11月22日在省十三届人大常委会第三十三次会议上

省应急管理厅厅长　蒋锋

主任、副主任、秘书长、各位委员：

我受省政府委托，现就《江苏省安全生产条例（修订草案）》（以下简称《条例（修订草案）》）作如下说明：

一、立法的背景及必要性

《江苏省安全生产条例》于2016年修订发布实施以来，为加强全省安全生产监督管理工作、促进经济社会高质量发展发挥了重要作用。形势任务的变化和经济社会的发展迫切需要对《条例》的一些规定进行重新修订。

（一）修订《条例》是贯彻落实党中央国务院重大决策部署的迫切需要。2016年中共中央、国务院印发《关于推进安全生产领域改革发展的意见》，对安全生产工作作出重大系统性部署和制度性安排。全面贯彻落实习近平总书记的重要论述和指示批示精神，贯彻落实党中央、国务院的重大改革举措，践行安全发展理念，强化和落实安全生产责任制，迫切需要对《条例》进行修改，为全面加强安全生产工作提供坚实法治基础。

（二）修订《条例》是推进安全生产治理体系和能力现代化建设的重要举措。2019 年国务院对江苏开展专项整治“一年小灶”，深入查找安全生产深层次问题，分析梳理存在的重大风险，提出针对性对策措施，推动建立了一批安全生产制度，总结提炼了一批江苏的特色做法。有必要通过修订《条例》，把经实践检验的创新成果、制度措施固化为法律规定，进一步完善体制机制，健全安全生产制度体系，加快推进全省安全生产治理体系和能力现代化建设。

（三）修订《条例》是与新修改的《安全生产法》衔接配套的必然要求。新修改的《安全生产法》于 2021 年 9 月 1 日起实施。《安全生产法》修改幅度比较大，涉及条文比较多，修改内容充分体现了习近平总书记关于安全生产工作的新要求、新理念，健全了安全生产责任体系，构建了安全风险防范机制，加大了对违法行为的惩处力度。贯彻落实新修改的《安全生产法》，需要通过修改《条例》，提出细化、实化的规定和配套制度，为防范化解重大安全风险提供法治保障。

二、起草过程

2021年6月，全国人大关于修改《安全生产法》的决定发布后，省应急厅党委高度重视，将我省《条例》修订列入日程，成立由厅主要负责同志任组长的立法工作领导小组，组建专班启动起草工作；2021年底形成《条例》修订草案初稿。

今年1月，省人大发布2022年立法工作计划，将《江苏省安全生产条例》（修改）列为2022年正式项目，省应急厅3月份形成征求意见稿，并向13个设区市和省安委会成员单位书面征求意见。4月，委托第三方机构对《条例（修订草案）》进行立法风险评估并根据风险评估报告提出的风险应对措施进行修改完善，形成了《条例（修订草案）》（送审稿）；7月，经应急厅厅长办公会议讨论通过后报请省政府审议。

省司法厅对《条例（修订草案）》（送审稿）进行了初步审查，并向省有关部门单位、13个设区市书面征求意见，向社会公开征求意见。9月，赴盐城市、东台市开展立法调研，实地考察企业，并组织召开有关部门座谈会和企业座谈会，对各方意见建议逐条研究修改。10月，召开了立法协调会，进一步协调意见，形成了提请省政府审议的《条例（修订草案）》。

2022年10月25日，省政府第117次常务会议讨论通过了《条例（修订草案）》，现提请省人大常委会审议。

三、《条例（修订草案）》的主要特点和重点内容

《条例（修订草案）》共六章77条，包括总则、生产经

营单位的安全生产保障、安全生产的监督管理、生产安全事故应急救援和调查处理、法律责任、附则等。

此次修订主要有三个特点，一是坚持问题导向，强化风险管控；二是细化制度措施，提高可操作性；三是加强制度创新，体现江苏特色。重点突出了八个方面：

（一）完善安全生产工作总体原则。明确安全生产工作坚持中国共产党的领导，强调以人为本，坚持“两个至上”，树牢安全发展理念，落实“三管三必须”原则，强化生产经营单位主体责任、政府监管责任、属地管理责任，从源头上防范化解重大安全风险。

（二）强化政府的组织领导。对地方各级人民政府加强安全生产工作的组织领导提出更高要求，如地方各级政府应当加强安全生产治理体系和治理能力建设，将安全生产专项资金纳入财政预算；建立完善安全风险防控机制，统筹区域布局和空间布局，推进开发区等功能区安全生产一体化管理；建立安全生产权力和责任清单制度，对新兴行业、领域的安全生产监管职责不明确的，按照职责相近的原则确定监管部门；乡镇、街道应当成立综合性安全生产监督管理的机构，开发区、工业园区、产业园区、港区、风景区等应当明确负责安全生产监督管理工作的机构及其职责；把安全生产纳入基层网格化管理事项清单等。

（三）健全安全生产责任体系。生产经营单位层面，细化了全员安全生产责任制及其考核奖惩要求，进一步明晰和强化主要负责人、安全生产管理人员安全生产职责内容。政府和监管部门层面，新增建立领导干部年度安全生产重点工作任务清单和部门安全生产工作职责任务清单“两个清单”制度；细分明确了负有安全生产监督管理职责的部门和其他履行安全生产管理、保障职责的部门分工；明确安委会专业委员会的设置及其职能等。

（四）压实生产经营单位主体责任。一是突出关键人员。明确主要负责人是本单位安全生产第一责任人，法定代表人、实际控制人以及对本单位生产经营负有最高管理权、决策权的其他人员同是生产经营单位的主要负责人等。二是突出重大安全风险和事故隐患。新增建立安全风险分级管控、工业企业较大以上安全风险报告、重大事故隐患治理情况向负有安全生产监督管理职责的部门和职工大会或者职工代表大会“双报告”等制度。三是突出重点环节。新增建立高危行业、领域生产经营单位安全生产班前会制度和从业人员岗位安全生产检查制度；明确出租、发包方安全生产的统一协调管理职责和承租、承包方的安全生产主体责任，严禁“以包代管”等。四是加强从业人员的安全保障。要求生产经营单位将劳务派遣人员、灵活用工人员纳入本单位从业人员统一管理，承担安全保障责任等。

（五）完善安全生产监管执法体系。要求负有安全生产监督管理职责的部门应当明确负责安全生产监督管理工作的机构和人员，依法履行监管职责，查处安全生产违法行为；

加强协作联动，对涉及多个行业、领域的生产经营单位，组织开展联合检查；建立与公安机关的案件“双移送”机制等。

（六）强化应急救援的基础保障。新增应急救援和事故调查处理专章，对应急救援基地、队伍建设和社会化应急救援服务，对生产安全事故应急救援预案体系建设、装备和物资的分级储备、统一的应急救援指挥系统等作出具体规定，对生产安全事故调查的组织和涉刑事案件线索移送、事故整改和防范措施落实情况评估等提出要求。

（七）加强安全生产信息化、科技化。规定地方各级政府及其部门加强对安全生产信息化建设的统筹协调，建立应急管理综合应用平台，实现部门之间信息共享、互联互通。推进安全生产科技成果运用，引导生产经营单位通过智能化改造、数字化转型，实现生产过程智能化控制和安全风险监测预警等。

（八）推进社会共治齐抓共管。新增建立安全生产中介服务机构服务公开和报告公开制度，行业协会参与安全生产相关工作的规定；建立长江三角洲区域安全生产工作协作机制，加强信息互通、资源共享、执法联动、风险联控、应急处置协同等。

此外，《条例（修订草案）》对未配备安全总监、未依法进行上岗前培训、未落实安全风险分级管控制度、未按规定报告较大以上安全风险等情形增设了法律责任。

以上说明连同《条例（修订草案）》，请予审议。

关于《江苏省安全生产条例（修订草案）》审议结果的报告

——2023 年 3 月 29 日在省十四届人大常委会第二次会议上

省人大法制委员会主任委员　侯学元

主任、各位副主任、秘书长、各位委员：

省十三届人大常委会第三十三次会议对《江苏省安全生产条例（修订草案）》（以下简称修订草案）进行了初次审议。常委会组成人员普遍认为，为了加强安全生产工作，防止和减少生产安全事故，保障人民群众生命和财产安全，根据修改后的安全生产法，对我省安全生产条例进行全面修订，十分必要。修订草案符合本省实际，内容基本可行。同时，常委会组成人员也提出了一些修改意见和建议。会后，法工委在江苏人大网全文公布修订草案征求社会公众意见，书面征求各设区市人大常委会、部分立法咨询专家、法制专业组代表、基层立法联系点以及立法研究基地的意见。曲福田副主任带领法制委、法工委和社会委、省应急管理厅赴泰州、江阴调研，听取地方人大常委会、市政府及有关部门、人大代表、乡镇（街道）、企业工会等方面的意见。在此基础上，对各方面意见逐一进行研究分析，对修订草案多次修改完善。修订草案修改稿形成后，召开座谈会再次征求省有关部门意见。3 月 15 日，法制委员会对修订草案进行了统一审议。现将审议结果报告如下：

一、关于提升本质安全水平

有些常委会组成人员、有的地方提出，要从源头上防范化解安全风险，强化生产经营单位安全生产能力建设，提升生产经营单位本质安全水平。根据《“十四五”国家安全生产规划》和国家、省有关规定，建议作三方面的修改：一是在修订草案第三条第二款中明确提出“提升本质安全水平”的要求。二是在修订草案第十四条第一款中明确全员安全生产责任制的具体责任人员和责任内容，并要求全员安全生产责任制及考核情况向全体从业人员公示。三是对改善安全生产条件提出明确要求，将修订草案第三十六条第一款修改为：“生产经营单位应当加快应用有利于改善安全生产条件的新工艺、新技术、新材料、新设备，及时更新改造超过使用年限的设施设备，淘汰国家和省规定的危及生产安全的工艺、设备。”

二、关于安全生产工作的表彰和奖励

有些常委会组成人员、有的地方和基层立法联系点提出，修订草案关于安全生产工作的表彰和奖励的规定比较笼统，建议区分主体和不同情形作出详细规定。因此建议作三方面的修改：一是将修订草案第十三条修改为："对在改善安全生产条件、防止或者减少生产安全事故、参加抢险救护、研究和推广安全生产科学技术与先进管理经验等方面做出显著成绩的单位和个人，按照国家和省有关规定给予表彰、奖励。"二是增加一款，作为修订草案修改稿第二十八条第三款："生产经营单位应当建立事故隐患报告奖励制度，公开本单位有关负责人和安全生产管理机构的联系方式，受理从业人员报告的安全生产问题，对报告事故隐患的从业人员给予表扬、奖励。"三是增加一款，作为修订草案修改稿第五十六条第二款："对报告重大事故隐患或者举报安全生产违法行为的有功人员，按照有关规定给予奖励。"

三、关于安全生产的教育培训

有的常委会组成人员、有的地方提出，政府及监管部门和生产经营单位都要加强安全生产的教育和培训，修订草案对此应当作出具体规定。因此，根据中共中央国务院《关于推进安全生产领域改革发展的意见》和省委省政府等有关规定，建议补充两方面内容：一是在修订草案第八条第二款中，增加规定地方各级人民政府应当定期组织安全生产教育和培训的内容。二是在修订草案第十一条第二款中增加地方行政学院应当将安全生产教育和培训纳入教学计划的内容，并在该条中增加"鼓励、支持高等学校和中等职业学校等加强安全生产科学技术研究，设置安全生产监督管理相关专业或者培训项目，培养安全生产相关专业人才”的规定。

四、关于推进安全生产标准化体系建设

社会委、有些常委会组成人员、有的地方提出，要推进生产经营单位的安全生产标准化建设，有关部门和单位对开展安全生产标准化建设的生产经营单位应当给予激励支持。因此，根据中共中央国务院《关于推进安全生产领域改革发展的意见》等要求，建议增加一条作为修订草案修改稿第二十五条：“生产经营单位应当加强安全生产标准化建设，建立健全安全生产管理体系，全面管控生产经营活动各环节的安全风险，促进安全管理系统化、岗位操作行为规范化、设施设备本质安全化、作业环境器具定置化，提高安全生产管理水平。”“有关部门和单位对开展安全生产标准化建设的生产经营单位按照有关规定给予评先选优、金融保险等激励支持。”

五、其他

1. 有的地方提出，建议对从业人员较少的生产经营单位可以采取互助帮扶、委托相关机构提供安全生产管理服务的方式作出明确规定。因此，建议在修订草案第十六条第二款中增加“从业人员二十人以下的生产经营单位，位置相邻、行业相近、业态相似的，可以采取组建安全生产管理互助帮扶联合体、委托相关机构提供安全生产管理服务等方式开展安全生产管理工作，但是保证安全生产的责任仍由本单位负责”的内容。

2. 有的常委会组成人员、有的地方提出，修订草案第十九条规定了特殊行业、领域生产经营单位应当设立安全总监，并规定了相应的法律责任，是否合适，建议斟酌。根据安全生产法有关规定和本省推行设置安全总监的实际情况，并考虑到企业生产经营自主权，建议将相关内容修改为“应当设置安全总监或者其他专职安全生产分管负责人”，并删去其法律责任。

3. 有的地方、有的部门提出，修订草案第二十三条规定的实行安全生产班前会制度的特殊行业、领域生产经营单位中，还应当增加“船舶修造、船舶拆解”“涉爆粉尘、涉氨制冷等行业、领域生产经营单位”。据此作相应补充。

4. 有的部门提出，修订草案第二十六条对工业企业的安全风险等级及其报告制度作出了规定，该内容不够完善。经研究，工业等企业的安全风险管理较为复杂，本条例对此无法作出详细规定，根据常委会立法工作计划，对此将另外制定专门的地方性法规。因此建议删去该条，并相应删去其法律责任。

5. 有的常委会组成人员提出，生产经营单位应当关注从业人员身体、心理状态，防止因异常行为导致生产安全事故发生。因此，建议增加一条作为修订草案修改稿第三十三条：“生产经营单位应当关注从业人员的身体、心理状况和行为习惯，加强对从业人员的心理疏导、精神慰藉，防范从业人员异常行为导致生产安全事故发生。”

此外，根据常委会组成人员、人大代表和有关方面的意见，在法律责任一章增加了指引性条款、明确了罚款的下限，对修订草案作了部分文字、技术修改，对有关条款顺序作了相应调整。

法制委员会已按照上述修改意见提出修订草案修改稿，建议本次常委会会议审议通过。

以上报告和修订草案修改稿是否妥当，请审议。